SOUHAIT

DE

BIENVENUE

AUX PRISONNIERS FRANÇAIS

DE RETOUR D'ALLEMAGNE

(AVRIL A JUILLET 1871).

PARIS
TYPOGRAPHIE DE CH. MEYRUEIS
RUE CUJAS, 13

1871

SOUHAIT DE BIENVENUE

AUX PRISONNIERS FRANÇAIS
DE RETOUR D'ALLEMAGNE

(AVRIL A JUILLET 1871).

Aux prisonniers français revenus d'Allemagne, et plus spécialement à ceux que j'ai visités durant leur captivité.

Mes amis,

Pour plusieurs d'entre vous, je ne suis point un inconnu. Vous savez que j'ai parcouru l'Allemagne, l'hiver dernier, avec le vif désir de vous visiter tous, si cela eût été possible. Je ne pouvais demeurer paisiblement au sein de ma famille, tandis que vous étiez séparés des vôtres et en proie à tant de souffrances. Le froid, plus intense qu'il n'avait été depuis longtemps, vous avait trouvés presque nus, et les privations de tout genre que vous aviez été forcés de subir durant la plus désastreuse des campagnes, vous avaient rendus pour la plupart incapables de résister à ses atteintes meurtrières. Je me sentais poussé vers vous. J'aurais voulu pouvoir, tout à la fois, vous couvrir de chauds vêtements et vous réchauffer le cœur par quelques témoignages d'une vraie sympathie. Beaucoup d'autres l'ont voulu comme moi; plusieurs se sont mis en route. Le

15 décembre, je suis parti moi-même, muni de quelques caisses et des dons généreux de nombreux amis, outre les envois de quelques centaines de familles à leurs membres dispersés dans toute l'Allemagne.

Malheureusement je n'ai pu atteindre mon but qu'imparfaitement. Il ne m'a été possible de visiter les prisonniers que dans deux ou trois forteresses, à cause de l'interdiction qui venait de fermer à toute personne non allemande l'accès auprès de vous. Après avoir fait bien des démarches, frappé à bien des portes, j'ai donc dû renoncer à porter moi-même dans la plupart des lieux où vous vous trouviez les sommes et les paquets dont j'étais chargé, et me résoudre à recourir à des intermédiaires ou à la poste. Quant aux dons proprement dits dont j'étais porteur, je les ai employés presque exclusivement à l'achat de vêtements tels que gilets de dessous, caleçons, chaussettes, chemises, etc., que je distribuai aux plus malheureux dans un petit nombre de localités, tout en comprenant, hélas! que tout ce que je pouvais faire n'était qu'une goutte d'eau dans un vaste océan, ou, pour mieux dire, sur le sable d'un désert. Mais enfin cette goutte d'eau a rafraîchi, ou vous-mêmes ou quelques-uns de vos compagnons d'infortune ; d'autres gouttes, venues d'ailleurs, ont formé çà et là de petits ruisseaux, et les efforts immenses des divers comités de secours ont soulagé pourtant bien des misères. Je bénis Dieu d'avoir pu y contribuer pour ma toute petite part.

Enfin vous savez, vous du moins, mes amis de Stettin, comment, après deux longs mois, j'ai réussi à me faire nommer aumônier dans cette ville, et comment j'ai passé dès lors près de trois mois au milieu de vous, parcourant les baraques et les camps où s'écoulaient vos tristes journées et visitant les nombreuses ambulances où tant de malades gémissaient d'un exil doublement douloureux, avant de laisser peut-être leur dépouille dans les cimetières de la terre étrangère. Ce n'est pas sans émotion, je vous assure, que je songe à toutes les souffrances dont j'ai été le témoin, à tous les malheureux que j'ai essayé de consoler, tout en ne pouvant parfois que pleurer avec eux. Elles sont demeurées bien présentes à ma mémoire, ces baraques, ces fermes, ces salles de danse, transformées en autant d'hôpitaux. Je les vois encore, ces longues salles où vous étiez peut-être, couvert de petite vérole ou dévoré par une fièvre ardente, ou bien encore convalescent, mais bien faible, assis sur ce lit, dans votre robe de chambre à raies bleues et blanches, en attendant de pouvoir plus tard prendre quelques forces en plein air aux pâles rayons du premier soleil de printemps. Je vous vois vous groupant autour de moi pour entendre ce que j'avais à vous dire, et me demandant presque chaque fois avec anxiété : « Savez-vous si nous partirons bientôt? » Je me retrouve en esprit dans ce fort ou dans ce camp où vous m'entouriez en masse, comme pour me dire : « Quelles paroles nous apportez-vous? » ou auprès de ce train prêt à diriger vers Hambourg des mobiles, plus heureux que leurs camarades de l'armée active. Je revois enfin ces cimetières, triste accompagnement de chaque camp, et au milieu de quelques-uns, ce monument solitaire, pieux souvenir élevé par les survivants à la mémoire de ceux qu'ils avaient perdus, comme pour résumer en une même pierre toutes celles dont tant de familles désolées eussent voulu pouvoir, pour dernier témoignage, marquer les tombes de leurs bien-aimés.

Si des milliers sont morts en Allemagne, vous du moins, mes amis, vous avez revu la France. Vous avez oublié toutes vos privations, vos souffrances, vos fatigues, en remettant enfin le pied sur le sol chéri de la patrie ; et surtout si vous avez retrouvé votre famille, vos amis sains et saufs après tant d'épreuves, il semble que rien ne manque à votre bonheur, et que vos cœurs doivent déborder de reconnaissance envers Dieu qui vous a gardés.

Dieu ! avez-vous pensé à Lui durant cette terrible année ? Je suis presque sûr que oui. Quand vous avez vu la mort de près, quand vous avez été blessés peut-être, ou fugitifs, quand vous avez souffert du froid ou de la faim, quand vous avez soupiré dans l'exil, vous avez, je le sais, quelquefois du moins, fais sortir de votre cœur une de ces prières qui ne ressemblent en rien aux prières apprises, qui sont un cri à Celui qui est juste, qui est bon, qui est puissant, lui demandant la délivrance. N'avez-vous pas senti alors que vous aviez besoin de son pardon, et n'avez-vous pas formé devant Lui la résolution de mener une vie plus sérieuse si la vie vous était conservée ? Vous étiez sincères alors, n'est-ce pas ? — Dieu vous a exaucés. Et vos résolutions, que sont-elles devenues ? A vous de répondre ! Sont-elles toujours là, fermes et inébranlables dans votre poitrine, comme au jour où vous les formâtes ? Voulez-vous encore témoigner à Dieu une reconnaissance non feinte. Ou bien auriez-vous tout oublié, et seriez-vous en train de redevenir légers comme auparavant ?

Non, non, quelque chose demeure ! Ce n'est pas

en vain que vous avez traversé tant de maux, couru tant de dangers. Vous y avez appris à mieux sentir le sérieux de la vie. Laissez-moi vous serrer cordialement la main et vous dire : Que Dieu vous épargne de telles souffrances à l'avenir et vous dédommage de tous les maux que vous avez endurés !

Si j'ai pris aujourd'hui la plume à votre intention, mes amis, c'est que j'aime à me rapprocher de vous par la pensée. En vous voyant de plus près durant les jours de l'épreuve, j'ai mieux compris que l'armée, à laquelle est confiée la pénible tâche de défendre la patrie, a droit tout particulièrement à la sympathie et aux encouragements de tous, et je me suis senti pressé de vous adresser encore une fois quelques paroles d'affection. Chacun de vous est libre d'ailleurs de les accepter ou de les laisser de côté, mais nul ne pourra, s'il les lit, mettre en doute la sincérité et la cordialité de l'intérêt que je vous porte.

Savez-vous ce que j'aurais à cœur pour vous tous, sans exception? C'est que vous apprissiez à connaître Jésus-Christ; Jésus-Christ qu'un grand apôtre a appelé le Capitaine de la foi, parce qu'il est le Chef de tous ceux qui veulent combattre pour la sainte cause de Dieu et de la vérité. Nul n'a montré plus de courage que lui en face du monde entier dont il signalait les vices, et son vaillant témoignage lui a coûté la vie. Prenez-le pour modèle, et devenez, comme saint Paul vous y exhorte, de bons soldats de Jésus-Christ. La première condition pour cela est, je le répète, que vous appreniez à le connaître.

Vous me direz sans doute : « Jésus-Christ, nous le connaissons. Au prêche ou au sermon, à l'église ou au temple, on ne nous parle que de lui. Dans nos villes et nos villages, nos curés ou nos pasteurs nous ont raconté son histoire dès notre enfance, et si nous ne les avons pas toujours beaucoup écoutés, nous savons pourtant notre religion aussi bien que qui que ce soit ! » Je ne dis pas le contraire. J'ajoute que savoir sa religion, savoir l'histoire de Jésus-Christ, sont de fort bonnes choses. Mais cela ne suffit pas pour rendre heureux, pour consoler dans la tristesse, pour éclairer à travers la vie, pour ranimer et réconforter le cœur. Une comparaison vous le fera comprendre aisément. Vous suffisait-il, en Allemagne, de savoir que le vin de France fortifie, que les vêtements de laine tiennent chaud, que la santé est désirable, tandis que, privés de ces choses, vous étiez affaiblis par une mauvaise nourriture, transis par le froid, ou minés par la fièvre? De même, suffit-il de savoir que Jésus est venu faire du bien aux hommes et que la religion console, si on n'éprouve ni cette consolation ni ce bien? Je dis que non. Je dis que *savoir* est trop peu, il faut *avoir;* que, pour être nourri, il faut manger le pain, non le toucher seulement; et que, pour que la religion nous serve à quelque chose, il ne suffit nullement que ses paroles frappent nos oreilles, il faut que ses vérités se réalisent dans notre cœur.

Voilà dans quel sens je voudrais vous faire connaître Jésus-Christ. Car jusqu'à présent, si je ne me trompe, vous en avez bien entendu parler, même souvent, mais il est encore pour vous un étranger, non un ami, un indifférent, non un Sauveur.

Tant qu'il en est ainsi, je ne vous demande pas de vous enrôler à son service. Car il n'admet que des volontaires, c'est-à-dire des hommes qui s'attachent à lui librement, de leur plein gré. Or, pour s'attacher ainsi, il faut connaître, et il faut aimer. Pourquoi voyez-vous certains soldats prêts à tout faire pour leur capitaine, tandis que d'autres détestent celui qui les commande, au point peut-être de désirer sa mort? C'est bien simple. Le premier se fait aimer de ses hommes, parce qu'il les aime et qu'il leur veut du bien. Le second se fait haïr des siens, parce qu'il est dur à leur égard, impitoyable même à l'occasion. Dès que vous connaîtrez Jésus tel qu'il est, mes amis, vous l'aimerez, car on ne peut pas le connaître sans l'aimer. Combien d'hommes, depuis qu'il a vécu sur la terre, ont déjà donné leur vie pour lui! Et cela ne vous surprendra plus quand vous saurez mieux le bien qu'il vous a fait et l'amour qu'il vous porte.

Un jour, un missionnaire arriva dans une peuplade païenne. On se rassembla autour de lui; il prit la parole et dit à peu près ceci : « Vous êtes tous dans l'ignorance. Vos idoles ne sont que du bois et de la pierre. Un seul Dieu est le vrai Dieu, c'est lui qui a fait toutes choses, et c'est lui que je vous annonce. » C'était très-bien, mais cela ne suffisait pas pour convaincre les esprits et pour gagner les cœurs. Les païens écoutèrent un instant, puis ils retournèrent à leurs idoles, et le missionnaire repartit.

Quelques années plus tard, un autre missionnaire vint dans la même contrée et s'adressa aux sauvages en ces termes : « Vous êtes de misérables pécheurs, et si vous ne changez de vie, vous irez en enfer! » Cette parole était vraie aussi, car Jésus-Christ lui-même nous dit : « Si vous ne vous repentez pas, vous périrez. » Mais il fallait montrer à ces pauvres gens comment on peut changer de vie et être sauvé.

Le missionnaire ne le fit pas. Ses auditeurs, un instant effrayés de ses menaces, se détournèrent bientôt de lui avec incrédulité et retournèrent à leur vie déréglée.

Enfin, au bout de quelques années encore, arriva un troisième missionnaire. Savez-vous comment celui-là s'y prit pour faire du bien à ces pauvres idolâtres? « Mes amis, leur dit-il, je suis venu pour vous annoncer une bonne nouvelle. Dieu vous aime, et il vous aime tellement qu'il a envoyé son propre Fils pour vous sauver. Jésus-Christ est venu dans le monde, et si vous croyez en lui de tout votre cœur, vos péchés vous seront pardonnés, et vous deviendrez heureux. » Aussitôt ces gens prêtent l'oreille, demandent à en entendre davantage, et plusieurs d'entre eux, gagnés par la parole du missionnaire, devinrent chrétiens.

Ce n'est pas seulement aux païens que cette bonne nouvelle est destinée, c'est à nous aussi. Jésus-Christ a dit à ses disciples en les quittant : « Annoncez l'Evangile à toute créature (1). » Je vous l'annonce aujourd'hui, et peut-être est-ce, pour plus d'un, la dernière fois que vous l'entendez. Oui, mes amis, Dieu vous aime, et Il a envoyé Jésus-Christ au monde pour vous sauver.

Ce n'est point là une théorie, une doctrine, c'est un fait. Si Jésus-Christ n'était pas venu et s'il n'eût pas fait ce qu'il a fait, il n'y aurait pas de pardon possible, ni pour vous ni pour moi, ni dans cette vie ni dans l'autre. Réfléchissez-y un instant. Les plus indifférents d'entre vous seraient effrayés, j'en suis sûr, s'ils devaient se dire que même au lit de mort il n'y aura point de pardon pour eux, car tous les

(1) Evangile selon saint Marc, XVI, 15.

hommes espèrent au moins un peu, que Dieu leur fera grâce. Eh bien! sans Jésus-Christ, toute espérance de ce genre serait illusoire. Sans Jésus-Christ, le monde demeurerait plongé dans le vide le plus complet, dans le désespoir le plus absolu, car nul homme ne pourrait attendre du Juge suprême que le juste châtiment de ses péchés. « Il n'y a, dit saint Pierre, point de salut en aucun autre; car aussi il n'y a point sous le ciel d'autre nom qui soit donné aux hommes, par lequel il nous faille être sauvés (1). » Qu'on raisonne tant qu'on voudra : cela demeure, puisque la Parole de Dieu le dit. Et maintenant, si Jésus-Christ vous a rendu un tel service que de vous procurer un moyen unique et assuré de pardon et de vie éternelle, et cela en se sacrifiant pour vous, dites-moi, qu'en pensez-vous?

Que penseriez-vous d'un ami qui, voyant venir une balle ou éclater un obus sur vous, se précipiterait entre vous et le danger et vous couvrirait de son propre corps? Et si, au lieu d'un ami, c'était un étranger qui fît cela — je dis plus, un homme à qui vous auriez fait du mal, un camarade que vous auriez, je suppose, tourné en ridicule, méprisé, offensé de toutes manières — et cet homme vous sauverait la vie, cet homme mourrait à votre place... ah! qu'en penseriez-vous? Votre cœur ne serait-il pas touché, votre indifférence envers lui vaincue, votre haine ou votre mépris transformés en un respect immense, en une admiration sans bornes? Eh bien! voilà ce que je vous demande maintenant d'éprouver pour Jésus, car il vous a sauvés, non d'une mort passagère seulement, mais de la mort éternelle, si toute-

(1) Actes des Apôtres, IV, 12.

fois vous le voulez. Il vous a pardonné, dans son amour infini, toute votre froideur passée à son égard, tout le mépris que vous avez témoigné peut-être jusqu'ici à lui et à son Évangile, tous les péchés par lesquels vous avez offensé Dieu, dont il est le représentant et l'envoyé. Dieu vous a tout pardonné pour l'amour de lui, suivant cette parole : « Dieu a tellement aimé le monde qu'Il a donné son Fils unique, afin que quiconque croit en lui ne périsse point, mais qu'il ait la vie éternelle (1). »

Croyez en lui dès maintenant. Reconnaissez en lui, non plus un indifférent et un étranger, mais votre Sauveur, mort à votre place, puis manifesté comme le Fils de Dieu par sa résurrection et son ascension. Sachez qu'il est vivant, qu'il vous voit, qu'il entend vos prières et qu'il sauve certainement et pour toujours tous ceux qui l'invoquent avec sincérité. Et si vous en doutez, vous avez un moyen bien simple de vous en assurer. Essayez ! Invoquez-le, vous verrez qu'il vous répondra ; cherchez-le, vous le trouverez. Votre propre expérience vous fera connaître ainsi cet ami incomparable, et, une fois connu, je n'aurai plus rien à vous dire, car vous désirerez vous-mêmes ardemment marcher désormais sous ses drapeaux, et, gardés par lui, vous serez en paix, quoi qu'il arrive, dans la vie, dans la mort.

Encore quelques mots. Un homme avait deux fils. Le plus jeune dit à son père : « Mon père, donnez-moi la part de fortune qui me revient. » Et il leur partagea ses biens. Et peu de jours après, quand le plus jeune fils eut tout ramassé, il s'en alla dehors dans un pays éloigné, et là il dissipa son bien en vivant

(1) Evangile selon saint Jean, III, 16.

dans la débauche. Après qu'il eut tout dépensé, une grande famine survint en ce pays-là, et il commença à être dans la disette. Alors il s'en alla et se mit au service d'un des habitants du pays, qui l'envoya dans ses possessions pour paître les pourceaux. Et il désirait se rassasier des gousses que les pourceaux mangeaient, mais personne ne lui en donnait. Or, étant revenu à lui-même, il dit : « Combien y a-t-il de domestiques dans la maison de mon père qui ont du pain en abondance, et moi je meurs de faim. Je me lèverai et m'en irai vers mon père, et je lui dirai : Mon père, j'ai péché contre le ciel et devant toi, et je ne suis plus digne d'être appelé ton fils. Traite-moi comme l'un de tes domestiques. » Il se leva donc et vint vers son père. Et comme il était encore loin, son père le vit, et fut touché de compassion, et courant à lui, se jeta à son cou et le baisa. Mais le fils lui dit : « Mon père, j'ai péché contre le ciel et devant toi, et je ne suis plus digne d'être appelé ton fils. » Et le père dit à ses serviteurs : « Apportez la plus belle robe, et l'en revêtez; mettez-lui un anneau au doigt et des souliers aux pieds. Car mon fils, que voici, était mort, mais il est ressuscité; il était perdu, mais il est retrouvé. »

Vous connaissez cette parabole, n'est-ce pas? C'est saint Luc qui, dans son bel évangile, nous la rapporte de la bouche même de Jésus (1), et on l'appelle ordinairement la parabole du fils prodigue. N'y reconnaissons-nous pas notre propre histoire? Ce que cet enfant ingrat avait fait à l'égard son père, ne l'avons-nous pas tous fait à l'égard de Dieu? N'avons-nous pas détourné notre cœur et notre vie de

(1) Evangile selon saint Luc, XV, 11 à 24.

notre Père céleste? Or, il dépend de chacun de nous, après avoir si tristement réalisé le commencement de la parabole, d'en réaliser aussi la fin ; car elle nous est donnée, n'en doutez pas, pour nous toucher à repentance. Dieu vous attend aussi, vous qui lisez ces lignes. Il vous appelle à présent même à revenir à Lui. Son cœur bat d'une profonde compassion pour vous qui l'avez si longtemps oublié. Ne tardez plus : ses bras sont ouverts pour vous recevoir, et aujourd'hui encore Il veut tout pardonner, pour être aimé désormais.

Un pauvre Groënlandais, entendant le récit des souffrances et de la mort du Sauveur (1), comprit tout à coup que ce récit le concernait lui-même. Un sentiment nouveau remplit à l'instant son cœur, jusque-là indifférent, et s'approchant du missionnaire qui venait de parler, il s'écria, vivement ému : « Dis-nous cela encore une fois, car moi aussi je veux être sauvé. »

Puissiez-vous comprendre aujourd'hui ce qu'il comprit, sentir ce qu'il sentit, et devenir de cœur disciples du Christ !

Croyez-moi, chers amis, votre sincèrement affectionné

THÉOPHILE RIVIER.

Mazamet (Tarn), 8 août 1871.

(1) Ce récit se trouve dans les Évangiles selon saint Matthieu (chapitre XXVII), saint Marc (chap. XV), saint Luc (chap. XXIII) et saint Jean (chap. XIX).

Paris. — Typ. de Ch. Meyrueis, 13, rue Cujas. — 1871.

www.ingramcontent.com/pod-product-compliance
Lightning Source LLC
Chambersburg PA
CBHW061616040426
42450CB00010B/2513